RABELAIS

Pantagrueline Prognostication

Édition bilingue,
avec une transcription en français
moderne et une postface de
Guy Demerson

ÉDITIONS MILLE ET UNE NUITS

RABELAIS
n° 33

Texte intégral.

L'image de couverture est extraite de l'édition originale
de la *Pantagrueline Prognostication pour l'an 1533.*

ISBN : 2-910233-33-2

Sommaire

Avertissement au lecteur à l'entrée du XXIe siècle

On sait que vous avez l'esprit vif et curieux, puisque l'on vous a recommandé ou offert ce livre. Adonnez-vous donc à la joie de le déguster, sans vous encombrer le cerveau des explications qui viendront en postface.

La transcription qui vous est proposée n'est pas une traduction littérale, qui aurait inutilement massacré la fantaisiste loufoquerie de Rabelais ; elle n'est pas non plus exactement une transposition en français contemporain, car, déjà en 1532, Rabelais s'est diverti à pasticher l'écriture archaïque, obscure et prétentieuse des prétendus astrologues, rédacteurs d'almanachs.

Pantagrueline Prognostication

certaine, veritable et infallible pour l'an perpetuel nouvellement composée au proffict et advisement de gens estourdis et musars de nature

par maistre Alcofribas

architriclin dudict Pantagruel

Du nombre d'Or, non dicitur*;*
Je n'en trouve poins ceste année, quelque calculation que j'en aye faict. Passons oultre.
Verte folium.

PRONOSTICS PANTAGRUÉLINS

CERTAINS, VÉRITABLES ET INFAILLIBLES POUR L'ANNÉE PERPÉTUELLE NOUVELLEMENT COMPOSÉS POUR LE PROFIT ET L'INSTRUCTION DES GENS ÉTOURDIS ET MUSARDS DE NATURE

PAR MAÎTRE ALCOFRIBAS

GRAND ÉCHANSON DUDIT PANTAGRUEL

Du nombre d'Or, motus ;
Je n'en trouve pas trace cette année, à quelques calculs que je me sois livré. Passons outre. Tournons la page.

AU LISEUR BENIVOLE

Salut et paix en Jesus le Christ

Considerant infiniz abus estre perpetrez à cause d'un tas de Prognostications de Lovain, faictes à l'ombre d'un verre de vin, je vous en ay presentement calculé une la plus seure et veritable que feut oncques veue, comme l'experience vous le demonstrera. Car sans doubte, veu que dict le Prophete Royal, Psal. V, *à Dieu : « Tu destruyras tous ceulx qui disent mensonges », ce n'est legier peché de mentir à son escient et abuser le pouvre monde curieux de sçavoir choses nouvelles. Comme de tout temps ont esté singulierement les François, ainsi qu'escript Cesar en ses* Commentaires, *et Jean de Gravot on* Mythologies Galliques. *Ce que nous voyons encores de jour en jour par France, où le premier propos qu'on tient à gens fraischement arrivez sont : « Quelles nouvelles ? Sçavez-vous rien de nouveau ? Qui dict ? Qui bruict par le monde ? » Et tant y sont attentifz que souvent se courroussent contre ceulx qui viennent de pays estranges sans apporter pleines bougettes de nouvelles, les appellant veaulx et idiotz.*

AU LISEUR BÉNÉVOLE

Salut et paix en Jésus le Christ

Considérant que d'infinis abus sont perpétrés à cause d'un tas de Prognostications de Louvain, faites à l'ombre d'un verre de vin, je vous en ai présentement calculé une, la plus sûre et véritable que l'on vit jamais, comme l'expérience vous le démontrera. Car, sans aucun doute, vu que David, le Roi Prophète, dit à Dieu : « Tu détruiras tous ceux qui disent mensonges » (*Psaume 5*), ce n'est un léger péché que de mentir consciemment et d'abuser le pauvre monde anxieux de savoir choses nouvelles. Ça a de tout temps été le cas singulièrement des Français, comme l'écrivent César en ses *Commentaires*, et Jean de Gravot dans la *Mythologie gallique*. C'est ce que nous constatons encore de jour en jour par la France, où le premier propos qu'on tient à gens fraîchement arrivés, c'est : « Quelles nouvelles ? Savez-vous rien de neuf ? Qui dit quelque chose, quels bruits courent de par le monde ? » Et ils y tiennent tant que, souvent, ils se courroucent contre ceux qui viennent de pays étrangers sans apporter pleines musettes de nouvelles, et ils les appellent veaux et idiots.

Si doncques, comme ilz sont promptz à demander nouvelles, autant ou plus sont-ilz faciles à croire ce que leur est annoncé, debvroit-on pas mettre gens dignes de foy à gaiges à l'entrée du Royaulme, qui ne serviroient d'autre chose sinon d'examiner les nouvelles qu'on apporte, et à sçavoir si elles sont veritables? Ouy certes. Et ainsi ha faict mon bon maistre Pantagruel par tout le pays de Utopie et Dipsodie. Aussi luy en est-il si bien advenu, et tant prospere son territoire, qu'ils ne peuvent de present avanger à boyre, et leur conviendra espandre le vin en terre si d'ailleurs ne leur vient renfort de beuveurs et bons raillars.

Voulant doncques satisfaire à la curiosité de tous bons compaignons, j'ai revolvé toutes les pantarches des cieulx, calculé les quadratz de la lune, crocheté tout ce que jamais penserent tous les Astrophiles, Hypernephelistes, Anemophylaces, Uranopetes et Ombrophores, et conferé du tout avecques Empedocles, lequel se recomnande à vostre bonne grace.

Et tout le Tu autem *ay icy en peu de chapitres redigé, vous asseurant que je n'en dy sinon ce que j'en pense, et n'en pense sinon ce qu'en est, et n'en est aultre chose, pour toute verité, que ce qu'en lirez à ceste heure. Ce que sera dict au parsus sera passé au gros tamys à tors et à travers, et par adventure adviendra, par adventure n'adviendra mie.*

Si donc, comme ils sont prompts à demander des nouvelles, autant ou plus sont-ils portés à croire facilement ce qu'on leur annonce, ne devrait-on pas enrôler des gens dignes de foi, postés à l'entrée du royaume, qui ne serviraient à rien d'autre qu'à examiner les nouvelles qu'on apporte, et à savoir si elles sont véritables ? La réponse est oui. Et c'est bien ce qu'a fait mon bon maître Pantagruel par tout le pays d'Utopie et Dipsodie. Du coup, il s'en est si bien trouvé, et son territoire en a éprouvé tant de prospérité qu'ils ne peuvent à présent venir à bout de leur besogne de buveurs, et qu'il leur faudra répandre le vin en terre s'il ne leur arrive d'ailleurs renforts de chopineurs et de gais lurons.

Voulant donc satisfaire à la curiosité de tous bons compagnons, j'ai remué sens dessus dessous toutes les archives des cieux, calculé les quadratures de la lune, débouché tout ce que jamais distillèrent tous les maniaques du Zodiaque, Gratteurs de nuages, Gardiens de vents, Coureurs tous azimuts et Porte-pluies, et conféré de tout cela avec Empédocle, lequel se recommande à votre bonne grâce.

Et tout le *happy end* ai-je ici en peu de chapitres rédigé, vous certifiant que je n'en dis rien que ce que j'en pense, et que je n'en pense rien, sinon ce qui en est, et qu'il n'en est autre chose, pour toute vérité, que ce que vous en lirez à cette heure. Ce qui sera dit en supplément sera passé au gros tamis, aller et retour, et

D'un cas vous advertis : que si ne croyez le tout, vous me faictes un mauvais tour, pour lequel icy ou ailleurs serez tres griefvement puniz. Les petites anguillades à la saulce des ners bovins ne seront espargnées sur voz espaules, et humez de l'air comme des huytres tant que vouldrez, car hardiment il y aura de bien chauffez si le fornier ne s'endort.

Or mouschez vos nez, petiz enfans, et vous autres, vieulx resveurs, affustez vos bezicles, et pesez ces motz au pois du Sanctuaire.

DU GOUVERNEMENT ET SEIGNEUR DE CESTE ANNÉE

CHAPITRE PREMIER

Quelque chose que vous disent ces folz astrologues de Lovain, de Nurnberg, de Tubinge et de Lyon, ne croyez que ceste annee y aie autre gouverneur de l'universel monde que Dieu le createur, lequel par sa divine parolle tout regist et modere, par laquelle sont toutes choses en leur nature et proprieté et condition, et sans la maintenance et gouvernement duquel toutes choses seroient en un moment reduictes à neant, comme de neant elles ont par hasard cela adviendra, par hasard cela n'adviendra jamais.

Sur un point, je vous mets en garde : si vous ne croyez le tout, vous me faites un mauvais tour, pour lequel, ici ou ailleurs, serez très grièvement punis : les petites raclées à la sauce de nerfs de bœuf ne seront épargnées sur vos épaules, et humez de l'air en bâillant comme des huîtres à votre volonté, car, hardi petit, il y en aura de bien chauffés si le rôtisseur ne s'endort.

Or mouchez vos nez, petits enfants, et vous autres, vieux loufoques, affûtez vos besicles, et pesez ces mots à l'étalon du Sanctuaire.

DU GOUVERNEMENT ET DU SEIGNEUR DE CETTE ANNÉE

CHAPITRE PREMIER

Quelque chose que vous disent ces fols astrologues de Louvain, de Nuremberg, de Tübingen et de Lyon, n'allez pas croire que cette année il y ait autre Gouverneur de l'universel monde que Dieu le Créateur, lequel régit et gouverne tout par sa divine parole — par laquelle toutes choses sont fondées en leur nature, propriété et condition —, et sans la maintenance et gouvernement duquel toutes choses seraient en un moment *esté par luy produictes en leur estre. Car de luy vient, en luy est et par luy se parfaict tout estre et tout bien, toute vie et mouvement, comme dict la trompette evangelicque Monseigneur sainct Paul,* Ro. XI. *Doncques le gouverneur de ceste année et toutes autres, selon nostre véridicque résolution, sera Dieu tout-puissant. Et ne aura Saturne, ne Mars, ne Jupiter, ne autre planete, certes non les anges, ny les saincts, ny les hommes, ny les diables, vertuz, efficace, ne influence aulcunes, si Dieu de son bon plaisir ne leur donne ; comme dict Avicenne : que les causes secondes n'ont influence ne action aucune, si la cause premiere n'y influe. Dict-il pas vray, le petit bonhommet ?*

DES ECCLIPSES DE CESTE ANNÉE

CHAPITRE II

Ceste année seront tant d'ecclipses du soleil et de la lune que j'ay peur (et non à tort) que noz bourses en patiront inanition, et noz sens perturbation. Saturne sera retrograde, Venus directe, Mercure inconstant. Et un tas d'autres planetes n'iront pas à vostre commendement.

réduites à néant, comme elles ont été par Lui produites en leur être à partir du néant. Car tout être et tout bien, toute vie et tout mouvement, tout vient de Lui, est en Lui, parvient par Lui à sa perfection, comme le dit la Trompette évangélique, Monseigneur saint Paul (Épître aux Romains, XI). Donc le Gouverneur de cette année et de toutes les autres, selon notre véridique conclusion, sera Dieu tout-puissant. Et ni Saturne, ni Mars, ni Jupiter, ni aucune autre planète, et certainement ni les anges non plus, ni les saints, ni les hommes, ni les diables, n'auront pouvoir, efficacité, ni influence aucune, si Dieu de Son bon vouloir ne les leur donne ; comme dit Avicenne : « Les causes secondes n'ont influence ni action aucune, si la cause première n'y agit. » Ne dit-il pas vrai, le petit bonhommet ?

DES ÉCLIPSES DE CETTE ANNÉE

CHAPITRE II

Cette année, il y aura tant d'éclipses du soleil et de la lune que, j'en ai bien peur (et non à tort), nos bourses en crieront famine, et que nos sens en souffriront perturbation. Saturne sera rétrograde, Vénus directe, Mercure inconstant. Et un tas d'autres planètes ne marcheront pas à votre commandement.

Dont, pour ceste année, les chancres iront de costé, et les cordiers à reculons, les escabelles monteront sur les bancs, les broches sur les landiers, et les bonnetz sur les chapeaulx ; les couilles pendront à plusieurs par faulte de gibbessieres ; les pusses seront noires pour la plus grande part ; le lard fuyra les pois en Quaresme ; le ventre ira devant ; le cul se assoira le premier ; l'on ne pourra trouver la febve au gasteau des Roys ; l'on ne rencontrera poinct d'as au flux ; le dez ne dira poinct à soubhait quoy qu'on le flate, et ne viendra souvant la chance qu'on demande ; les bestes parleront en divers lieux. Quaresmeprenant gaignera son procés : l'une partie du monde se desguisera pour tromper l'autre, et courront parmy les rues comme folz et hors du sens ; l'on ne veit oncques tel desordre en Nature. Et se feront ceste année plus de XXVII verbes anomaulx, si Priscian ne les tient de court. Si Dieu ne nous aide, nous aurons prou d'affaires ; mais au contrepoinct, s'il est pour nous, rien ne nous pourra nuire, comme dict le celeste astrologue qui fut ravi jusques au Ciel. Ro. VII c. Si Deus pro nobis, quis contra nos ? *Ma foy,* nemo, Domine, *car il est trop bon et trop puissant. Icy benissez son sainct nom, pour la pareille.*

En conséquence, pour cette année, les crabes marcheront de travers, et les cordiers travailleront à reculons, les escabelles monteront sur les bancs, les broches sur les landiers, et les bonnets sur les chapeaux ; les couilles pendront à plusieurs par manque de gibecières ; les puces, pour la plus grande part, seront noires ; en Carême, le lard fuira les pois ; le ventre ira par-devant ; le cul sera le premier à s'asseoir ; l'on ne pourra trouver la fève dans la galette des rois ; l'on ne rencontrera point d'as au brelan ; les dés ne donneront pas les points à volonté, même si on les flatte, et la chance qu'on demande ne viendra pas souvent ; les bêtes parleront en divers lieux. Carême-prenant gagnera son procès : une partie du monde se déguisera pour tromper l'autre, et ils courront par les rues comme fols et hors du sens ; l'on ne vit jamais tel désordre en Nature. Et viendront au monde cette année plus de vingt-sept verbes irréguliers, si Priscien ne les tient en bride. Si Dieu ne nous aide, nous aurons beaucoup d'affaires ; mais en contrepartie, s'Il est pour nous, rien ne nous pourra nuire, comme dit le céleste astrologue qui fut ravi jusques au Ciel (saint Paul, Romains, VIII, 31) : *Si Dieu est pour nous, qui sera contre nous ?* Ma foi, ce sera Personne, Seigneur, car le Seigneur est trop bon et trop puissant. Ici bénissez Son saint Nom, à charge de revanche.

LES MALADIES DE CESTE ANNÉE

CHAPITRE III

Ceste année les aveugles ne verront que bien peu, les sourdz oyront assez mal, les muetz ne parleront guieres, les riches se porteront un peu mieulx que les pouvres, et les sains mieulx que les malades. Plusieurs moutons, beufz, pourceaulx, oysons, pouletz et canars mourront, et ne sera si cruelle mortalité entre les cinges et dromadaires. Vieillesse sera incurable ceste année à cause des années passées. Ceulx qui seront pleuréticques auront grant mal au cousté. Ceulx qui auront flus de ventre iront souvent à la celle percée. Les catharres descendront ceste année du cerveau ès membres inferieurs. Le mal des yeux sera fort contraire à la veüe. Les aureilles seront courtes et rares en Gascongne plus que de coustume. Et regnera quasi universellement une maladie bien horrible et redoubtable, maligne, perverse, espoventable et malplaisante, laquelle rendra le monde bien estonné, et dont plusieurs ne sçauront de quel bois faire fleche et bien souvent composeront en ravasserie, sillogisans en la pierre philosophale et ès aureilles de Midas. Je tremble de peur quand je y pense : car je vous dy qu'elle sera epidimiale, et l'appelle Averroys, VII, Colliget *: faulte d'argent.*

LES MALADIES DE CETTE ANNÉE

CHAPITRE III

Cette année, les aveugles ne verront que bien peu, les sourds entendront assez mal, les muets ne parleront guère, les riches se porteront un peu mieux que les pauvres, et les gens en bonne santé mieux que les malades. Plusieurs moutons, bœufs, pourceaux, oisons, poulets et canards mourront, mais une si cruelle mortalité ne sévira pas parmi les singes et les dromadaires. Vieillesse sera incurable cette année à cause des années passées. Ceux qui seront pleurétiques auront grand mal au côté. Ceux qui auront un flux de ventre iront souvent à la selle percée. Les catarrhes descendront cette année du cerveau jusqu'aux membres inférieurs. Le mal des yeux sera fort contraire à la bonne vue. En Gascogne, les oreilles seront courtes et rares plus que de coutume. Et quasi universellement régnera une maladie bien horrible et redoutable, maligne, perverse, épouvantable et effrayante, laquelle rendra le monde bien terrifié ; sous son influence, plusieurs ne sauront de quel bois faire flèche, et bien souvent essaieront de s'en tirer en rêvassant, en tirant des plans sur la pierre philosophale et sur les oreilles de Midas. Je tremble de peur quand j'y pense ; car je vous dis que cette maladie sera épidémiale, et Averroès (*Colliget*, VII) l'appelle : manque d'argent.

Et attendu le comete de l'an passé et la retrogradation de Saturne, mourra à l'hospital un grand marault tout catharré et croustelevé, à la mort duquel sera sedition horrible entre les chatz et les ratz, entre les chiens et les lievres, entre les faulcons et canars, entre les moines et les œufz.

DES FRUICTZ ET BIENS CROISSANT DE TERRE

CHAPITRE IV

Je trouve par les calcules de Albumasar on livre De la grande conjunction *et ailleurs, que ceste année sera bien fertile, avecques planté de tous bien à ceulx qui auront de quoy. Mais le hobelon de Picardie craindra quelque peu la froidure ; l'avoine fera grand bien ès chevaux ; il ne sera gueres plus de lart que de pourceaux ; à cause de* Pisces *ascendant, il sera grand année de caquerolles. Mercure menasse quelque peü le persil, mais, ce nonobstant, il sera à pris raisonnable. Le soucil et l'ancholie croistront plus que de coustume, avecques abondance de poires d'angoisse. De bledz, de vins, de fruitages et legumages on n'en veit oncques tant, si les soubhaytz des pouvres gens sont ouïz.*

Et, au vu de la comète de l'an passé et de la rétrogradation de Saturne, mourra à l'hôpital un grand maraud tout catarrheux et vérolé, à la mort duquel s'élèvera une sédition horrible entre les chats et les rats, entre les chiens et les lièvres, entre les faucons et les canards, entre les moines et les œufs.

DES FRUITS ET BIENS CROISSANT DE TERRE

CHAPITRE IV

Je trouve par les calculs d'Albumaser, au livre *De la grande conjunction*, et ailleurs, que cette année sera bien fertile, avec abondance de tous biens à ceux qui auront de quoi. Mais le houblon de Picardie craindra quelque peu la froidure ; l'avoine fera grand bien aux chevaux ; il n'y aura guère plus de lard que de pourceaux ; à cause de Poissons ascendant, ce sera une grande année de limaçons. Mercure menace quelque peu le persil, mais, malgré cela, il sera à un prix raisonnable. Le souci et l'ancolie croîtront plus que de coutume, avec abondance de poires d'angoisse. De blés, de vins, de fruits et légumes, on n'en vit jamais tant, si les souhaits des pauvres gens sont entendus.

DE L'ESTAT D'AULCUNES GENS

CHAPITRE V

La plus grande folie du monde est penser qu'il y ayt des astres pour les roys, papes et gros seigneurs, plustost que pour les pouvres et souffreteux, comme si nouvelles estoilles avoient esté creez depuis le temps du Deluge ou de Romulus ou Pharamond, à la nouvelle creation des Roys. Ce que Triboulet ny Cailhette ne diroient, qui ont esté toutesfois gens de hault sçavoir et grand renom. Et, par adventure, en l'arche de Noé ledict Triboulet estoit de la lignee des roys de Castille, et Cailhette du sang de Priam ; mais tout cest erreur ne procede que par deffault de vraye foy catholicque. Tenant doncques pour certain que les astres se soucient aussi peu des roys comme des gueux, et des riches comme des maraux, je laisseray ès autres folz prognosticqueurs à parler des roys et riches et parleray des gens de bas estat.

Et premierement des gens soubzmiz à Saturne, comme gens despourveuz d'argent, jaloux, resveurs, malpensans, soubçonneux, preneurs de taulpes, usuriers, rachapteurs de rentes, tireurs de rivetz, tanneurs de cuirs, tuilliers, fondeurs de cloches, composeurs d'empruns, rataconneurs de bobelins, gens melancholicques, n'auront en ceste année tout ce qu'ilz voul-

DE L'ÉTAT DE CERTAINES GENS

CHAPITRE V

La plus grande folie du monde est de penser qu'il y ait des astres pour les rois, papes et gros seigneurs, plutôt que pour les pauvres et souffreteux, comme si de nouvelles étoiles avaient été créées depuis le temps du Déluge ou depuis Romulus ou Pharamond, à la nouvelle création des Rois. Cela, les fous de cour, Triboulet ni Caillette, ne le prétendraient point, eux qui ont été toutefois gens de haut savoir et de grand renom. Et, par aventure, en l'arche de Noé ledit Triboulet était de la lignée des rois de Castille, et Caillette du sang de Priam ; mais toute cette mythologie ne tient que parce que l'on ignore la vraie foi catholique. Tenant donc pour certain que les astres se soucient aussi peu des rois que des gueux, et des riches que des loqueteux, je laisserai aux autres fols Pronostiqueurs le soin de parler des rois et des riches, et je parlerai des gens de bas état.

Et premièrement des gens soumis à Saturne, comme gens dépourvus d'argent, jaloux, neurasthéniques, radoteurs, soupçonneux, preneurs de taupes, usuriers, racheteurs de rentes, tireurs de rivets, tanneurs de cuirs, tuiliers, fondeurs de cloches, négociateurs d'emprunts, rapetasseurs de godillots, gens hypocondriaques, n'auront en cette année tout ce qu'ils voudraient bien ;

droient bien ; ilz s'estudiront à l'invention Saincte Croix, ne getteront leur lart aux chiens, et se grateront souvent là où il ne leur demange poinct.

A Jupiter, comme cagotz, caffars, botineurs, porteurs de rogatons, abbreviateurs, scripteurs, copistes, bulistes, dataires, chiquaneurs, caputons, moines, hermites, hypocrites, chatemites, sanctorons, patepelues, torticollis, barboilleurs de papiers, prelinguans, esperrucquetz, clercz de greffe, dominotiers, maminotiers, patenostriers, chaffoureus de parchemin, notaires, raminagrobis, portecolles, promoteurs, se porteront selon leur argent. Et tant mourra de gens d'esglise qu'on ne pourra trouver à qui conferer les benefices, en sorte que plusieurs en tiendront deux, troys, quatre et davantage. Caffarderie fera grande jacture de son antique bruit, puisque le monde est devenu mauvais garson, n'est plus gueres fat, ainsi comme dit Avenzagel.

A Mars, comme bourreaux, meurdriers, adventuriers, brigans, sergens, records de tesmoings, gens de guet, mortepayes, arracheurs de dens, coupeurs de couilles, barberotz, bouchiers, faulx monnoieurs, medicins de trinquenicque, tacuins et marranes, renieurs de Dieu, allumetiers, boutefeux, ramonneurs de cheminees, franctaupins, charbonniers, alchimistes, coquassiers, grillotiers, chercuitiers, bimbelotiers, manilliers, lanterniers, maignins, feront ceste ils s'exerceront à inventer le fil à couper le beurre, ne jetteront pas leur confiture aux cochons, et se gratteront souvent là où ça ne les démange point.

À Jupiter, comme cagots, cafards, calotins, colporteurs d'indulgences, rédacteurs du Saint-Siège, scribes, copistes, fabricants de bulles, contrôleurs de dispenses, chicanoux, cagoulards, moines, ermites, hypocrites, chattemittes, saintes-nitouches, poils aux pattes, torticolis, barbouilleurs de papiers, gommeux, dégourdis, clercs de greffe, imagiers, médailleurs, enfileurs de chapelets, gribouilleurs de parchemin, notaires, raminagrobis, colporteurs, promoteurs, se porteront selon leur argent. Et tant mourra de gens d'Église qu'on ne pourra trouver à qui conférer les bénéfices, en sorte que plusieurs en tiendront deux, trois, quatre et davantage. Cafarderie subira grande perte de son antique renom, puisque le monde est devenu mauvais garçon, puisqu'il n'est plus guère fada, ainsi que le dit Abd el-Ragel.

À Mars, comme bourreaux, meurtriers, aventuriers, brigands, agents, huissiers ramasseurs de témoignages, gens du guet, rempilés, arracheurs de dents, coupeurs de couilles, garçons coiffeurs, bouchers, faux monnayeurs, médecins de rien du tout, fabricants d'almanachs et défroqués, renieurs de Dieu, allumetiers, pyromanes, ramoneurs de cheminées, gardes champêtres, charbonniers, alchimistes, chaudronniers, *année de beaulx coups; mais aucuns d'iceux seront fort subjectz à recepvoir quelque coup de baston à l'emblée. Un des susdictz sera ceste année faict evesque des champs, donnant la benediction avec les piedz aux passans.*

A Sol, comme beuveurs, enlumineurs de museaulx, ventres à poulaine, brasseurs de biere, boteleurs de foing, portefaix, faulcheurs, recouvreurs, crocheteurs, emballeurs, bergiers, bouviers, vachiers, porchiers, oizelleurs, jardiniers, grangiers, cloisiers, gueux de l'hostiare, gaignedeniers, degresseurs de bonnetz, emboureurs de bastz, loqueteurs, claquedens, croquelardons, generalement tous portant la chemise nouée sur le dos, seront sains et alaigres, et n'auront la goutte ès dentz quand ilz seront de nopces.

A Venus, comme putains, maquerelles, marjolets, bougrins, bragars, napleux, eschancrez, ribleurs, rufiens, caignardiers, chamberieres d'hostelerie, nomina mulierum desinentia in *iere,* ut *lingiere, advocatiere, taverniere, buandiere, frippiere, seront ceste annee en reputation; mais le Soleil entrant en Cancer et autres signes, se doibvent garder de verolle, de chancre, de pisses chauldes, poullains grenetz etc. Les nonnains à peine concepvront sans operation virile. Bien peu de pucelles auront en mamelles laict.*

A Mercure, comme pipeurs, trompeurs, affineurs, thriacleurs, larrons, meusniers, bateurs de pavé, rôtisseurs, charcutiers, bimbelotiers, marguilliers, lanterniers, rémouleurs, feront cette année de beaux coups ; mais certains d'entre eux seront fort sujets à recevoir quelque coup de bâton à l'improviste. Un des susdits sera cette année fait évêque de La Potence, donnant la bénédiction aux passants avec les pieds.

Au Soleil, comme buveurs, enlumineurs de museaux, ventres à la poulaine, brasseurs de bière, botteleurs de foin, portefaix, faucheurs, couvreurs, crocheteurs, emballeurs, bergers, bouviers, vachers, porchers, oiseleurs, jardiniers, fermiers, closiers, gueux de l'hospice, factotums, dégraisseurs de bonnets, bourreurs de bâts, loqueteux, claquedents, croquelardons, portant généralement tous la chemise nouée sur le dos, tous seront pleins de santé et d'allégresse, et ne seront paralysés des dents quand ils seront de noces.

À Vénus, comme putains, maquerelles, freluquets, sodomites, playboys, vérolés, chancreux, voyous, ruffians, faignassiers, chambrières d'hostellerie, noms féminins affectés de la désinence *-ère*, comme lingère, advocatière, tavernière, buandière, fripière, seront cette année en bonne réputation ; mais à l'entrée du Soleil dans le Cancer et autres signes, elles se doivent garder de vérole, de chancre, de chaudes-pisses, bubons du bas-ventre, etc. Les nonnains concevront difficilement sans opération virile. Bien peu de pucelles auront lait en mamelles.

maistres ès ars, decretistes, crocheteurs, harpailleurs, rimasseurs, basteleurs, joueurs de passe passe, escorcheurs de latin, faiseurs de rebus, papetiers, cartiers, bagatins, escumeurs de mer, feront semblant d'estre plus joyeux que souvent ne seront, quelquefois riront lors que n'en auront talent, et seront fort subjectz à faire bancques rouptes, s'ilz se trouvent plus d'argent en bourse que ne leurs en fault.

A la Lune, comme bisouars, veneurs, chasseurs, asturciers, faulconniers, courriers, sauniers, lunatiques, folz, ecervelez, acariastres, esvantez, courratiers, postes, laquais, nacquetz, verriers, estradiotz, riverans, matelotz, chevaucheurs de escuirie, alleboteurs, n'auront ceste année gueres d'arrest. Toutesfois n'iront tant de lifrelofres à Sainct Hiaccho comme feirent l'an D.XXIV. Il descendra grand abundance de micquelotz des montaignes de Savoie et d'Auvergne; mais Sagittarius *les menasse des mules aux talons.*

À Mercure, comme pipeurs, trompeurs, affineurs, charlatans, larrons, meuniers, batteurs de pavé, maîtres ès arts, décrétistes, crocheteurs, chiffonniers, rimailleurs, bateleurs, illusionnistes, écorcheurs de latin, faiseurs de rébus, papetiers, cartiers, baguenaudeurs, écumeurs des mers, feront semblant d'être plus joyeux que souvent ils ne seront en réalité, quelquefois riront alors qu'ils n'auront pas l'esprit à cela, et seront fort sujets à faire banqueroutes, s'ils se trouvent plus d'argent en bourse qu'il ne leur en faut.

À la Lune, comme ambulants de montagnes, grands veneurs, chasseurs, fauconniers, dresseurs d'autours, messagers, sauniers, lunatiques, fols, écervelés, acariâtres, éventés, courtiers, préposés au courrier, laquais, valets, verriers, troupiers, marins d'eau douce, matelots, chevaucheurs d'écurie, glaneurs, n'auront cette année guère d'occasion de s'arrêter. Toutefois il n'y aura pas autant de pauvres types pour aller pinter à Santiago de Compostelle que ce fut le cas l'année de Pavie. Il descendra grande abondance de pèlerins des montagnes de Savoie et d'Auvergne ; mais le Sagittaire les menace d'ampoules aux talons.

DE L'ESTAT D'AULCUNS PAYS

CHAPITRE VI

Le noble royaulme de France prosperera et triumphera ceste année en tous plaisirs et delices, tellement que les nations estranges voluntiers se y retireront. Petitz bancquetz, petitz esbatemens, mille joyeusetez se y feront, où un chascun prendra plaisir : on n'y veit oncques tant de vins, ny plus frians ; force raves en Lymousin, force chastaignes en Perigot et Daulphiné, force olyves en Languegoth, force sables en Olone, force poissons en la mer, force estoilles au ciel, force sel en Brouage ; planté de bledz, legumaiges, fruitages, jardinaiges, beurres, laictaiges. Nulle peste, nulle guerre, nul ennuy, bren de pouvreté, bren de soucy, bren de melancholie ; et ces vieulx doubles ducatz, nobles à la rose, angelotz, aigrefins, royaulx et moutons à la grand laine retourneront en usance, avecques planté de serapz et escuz au soleil. Toutesfois sur le milieu de l'esté, sera à redoubter quelque venue de pusses noires et cheussons de la Deviniere. Adeo nihil est ex omni parte beatum. *Mais il les fauldra brider à force de collations vespertines.*

Italie, Romanie, Naples, Cecile demourront où elles estoient l'an passé. Ilz songeront bien profondement vers la fin du Caresme, et resveront quelquesfois vers le hault du jour.

DE L'ÉTAT DE CERTAINS PAYS

CHAPITRE VI

Le noble royaume de France prospérera et triomphera cette année en tous plaisirs et délices, tellement que les nations étrangères volontiers s'y retireront. Petits banquets, petits ébattements, mille joyeusetés s'y feront, où tout un chacun prendra plaisir : on n'y vit jamais tant de vins, ni de plus gouleyants ; force raves en Limousin, force châtaignes en Périgord et en Dauphiné, force olives en Languegoth, force sables à Olonne, force poissons en la mer, force étoiles au ciel, force sel à Brouage ; quantité de blés, fruits et légumes, produits du jardin, beurres, laitages. Nulle peste, nulle guerre, nul tracas, merde à la pauvreté, merde aux soucis, merde à la déprime ; et ces vieux doubles ducats, écus à la rose, à l'angelot, dinars, pistoles et thalers au mouton laineux retourneront en usage, avec plein de livres tournois et écus au soleil. Toutefois, sur le milieu de l'été, on aura à redouter quelque venue de puces noires et de charançons de La Devinière, car personne n'est complètement parfait. Il les faudra tenir en respect en forçant sur les collations pour souper.

Italie, Romanie, Naples, Sicile demeureront là où ils étaient l'an passé. Ils seront sujets à de bien profondes méditations vers la fin du Carême, et s'adonneront plusieurs fois à la rêverie vers l'heure du plein midi.

Allemaigne, Souisses, Saxe, Strasbourg, Anvers, etc. profiteront s'ilz ne faillent; les porteurs de rogatons les doibvent redoubter, et ceste année ne se y fonderont pas beaucoup de anniversaires.

Hespaigne, Castille, Portugal, Arragon seront bien subjetz à soubdaines alterations et craindront de mourir bien fort, autant les jeunes que les vieulx; et pourtant se tiendront chaudement, et souvent compteront leurs escutz, s'ilz en ont.

Angleterre, Escosse, les Estrilins seront assez mauvais Pantagruelistes. Aultant sain leurs seroit le vin que la bière, pourveu qu'il fust bon et friant. A toutes tables leur espoir sera en l'arriere-jeu. Sainct Treignant d'Escosse fera des miracles tant et plus. Mais des chandelles qu'on luy portera, il ne verra goutte plus clair si Aries ascendant de sa busche ne trebusche, et n'est de sa corne escorné.

Moscovites, Indiens, Perses et Troglodytes souvent auront la cacquesangue, parce qu'ilz ne vouldront estre par les Romanistes belinez, attendu le bal de Sagittarius ascendant.

Boësmes, Juifz, Egiptiens ne seront pas ceste annee reduictz en plate forme de leur attente, Venus les menasse aigrement des escrouelles gorgerines; mais ilz condescendront au vueil du roy des Parpaillons.

Escargotz, Sarabouytes, Cauquemarres, Canibales seront fort molestez des mouches bovines, et peu joue-

Allemagne, les Suisses, Saxe, Strasbourg, Anvers, etc., s'étendront s'ils ne font pas faillite; les colporteurs d'indulgences les doivent redouter, et cette année on n'y verra pas beaucoup de fondations de services anniversaires.

Espagne, Castille, Portugal, Aragon seront bien sujets à de soudaines altérations et craindront de mourir bien fort, autant les jeunes que les vieux; et pour cette raison, ils se tiendront bien au chaud, et souvent compteront leurs écus, s'ils en ont.

Angleterre, Écosse, les Prussiens seront assez mauvais pantagruélistes. Le vin leur réussirait autant que la bière, pourvu qu'il fût bon et rond en bouche. Quand ils joueront à la carte, leur espoir sera en la dernière tournée du menu. Saint Treignant d'Écosse fera des miracles tant et plus. Mais, grâce aux chandelles qu'on lui offrira, il ne verra goutte plus clair si le Bélier ascendant ne trébuche de son embûche, et n'est de sa corne écorné.

Moscovites, Indiens, Perses et Troglodytes souvent auront la diarrhée, parce qu'ils ne voudront pas se laisser sauter par les Romanistes papistes, étant donné le bal de Sagittarius ascendant.

Bohémiens, Juifs, Égyptiens ne seront pas cette année réduits à en rabattre de leurs espoirs, Vénus les menace aigrement des abcès à la gorge; mais ils condescendront au vouloir du roi des Parpaillons.

Escargots de couvent, Sarabovidés, Cauchemars ambulants, Cannibales seront fort molestés par les mouches *ront des cymbales et manequins, si le Guaiac n'est de requeste.*

Austriche, Hongrie, Turquie, par ma foy, mes bons hillotz, je ne sçay comment ilz se porteront, et bien peu m'en soucie, veu la brave entree du soleil en Capricornus*: et si plus en sçavez, n'en dictes mot, mais attendez la venue du Boyteux.*

DES QUATRE SAISONS DE L'ANNÉE ET PREMIEREMENT DU PRINTEMPS

CHAPITRE VII

En toute ceste année ne sera qu'une lune, encores ne sera elle poinct nouvelle ; vous en estes bien marriz, vous autres qui ne croyez mie en Dieu, qui persecutez sa saincte et divine parolle, ensemble ceulx qui la maintiennent. Mais allez vous pandre ! jà ne sera autre lune que celle laquelle Dieu crea au commencement du monde et laquelle, par l'effect de sa dicte sacre parolle, a esté establie au firmament pour luyre et guider les humains de nuict. Ma Dia, je ne veulx par ce inferer qu'elle ne monstre à la terre et gens terrestres diminution ou accroissement de sa clarté, selon qu'elle approchera ou s'esloignera du soleil. Car, bovines, et ils joueront peu des cymbales et aux petits bonshommes, si le gaïac n'est prescrit contre la vérole.

Autriche, Hongrie, Turquie, par ma foi, mes bons petits gars, je ne sais comment elles se porteront, et bien peu m'en soucie, vu la gaillarde entrée du soleil en Capricornus : et si plus en savez, n'en dites mot, mais attendez la venue du Boiteux à la Faux.

DES QUATRE SAISONS DE L'ANNÉE ET PREMIÈREMENT DU PRINTEMPS

CHAPITRE VII

En toute cette année il n'y aura qu'une lune, encore ne sera-t-elle point nouvelle ; vous en êtes bien marris, vous autres qui ne croyez pas en Dieu, qui persécutez Sa sainte et divine parole, et tout ensemble ceux qui la respectent. Mais allez vous pendre ! Désormais, il n'y aura d'autre lune que celle-là que Dieu créa au commencement du monde, et laquelle, par l'effet de cette même sainte parole, a été établie au firmament pour luire et guider les humains de nuit. Parbleu, je ne veux pour cela inférer qu'elle ne présentera à la terre et aux gens terrestres ni diminution ni accroissement de sa clarté, selon qu'elle s'approchera ou s'éloignera du soleil. Car, pour-

pourquoy? Pour autant que, etc. Et plus pour elle ne priez que Dieu la garde des loups, car ilz n'y toucheront de cest an, je vous affie. A propos! vous verrez ceste saison à moytié plus de fleurs qu'en toutes les trois autres. Et ne sera reputé fol cil qui en ce temps fera sa provision d'argent mieulx que de aranes toute l'annee. Les gryphons et marrons des montaignes de Savoie, Daulphiné et Hyperborées, qui ont neiges sempiternelles, seront frustrez de ceste saison et n'en auront point, selon l'opinion d'Avicenne, qui dict que le printemps est loursque les neiges tombent des monts. Croyez ce porteur. De mon temps l'on comptoit Ver *quand le soleil entroit on premier degré de Aries. Si maintenant on le compte autrement, je passe condemnation. Et jou mot.*

DE L'ESTÉ

CHAPITRE VIII

En esté je ne sçay quel vent courra; mais je sçay bien qu'il doibt faire chault et regner vent marin. Toutesfois, si autrement arrive, pourtant ne fauldra renier Dieu. Car il est plus saige que nous, et sçait trop mieulx ce que nous est necessaire que nous-mesmes, je vous en asseure sur mon honneur, quoy qu'en ayt quoi ? Pour autant que, etc. Et arrêtez de prier pour elle en demandant à Dieu de la garder des loups, car ils n'y toucheront de cet an, je vous le certifie. À propos ! vous verrez cette saison moitié plus de fleurs qu'en toutes les trois autres. Et ne sera réputé fol celui qui en ce temps fera sa provision d'argent mieux que, de toute l'année, il n'en aura fait d'araignées. Les escogriffes et cornacs des montagnes de Savoie, Dauphiné et monts Hyperboréens, qui ont neiges éternelles, seront frustrés de cette saison et n'en auront point, selon l'opinion d'Avicenne, qui dit que c'est le printemps lorsque les neiges disparaissent des montagnes. Croyez ce préposé aux nouvelles. De mon temps, on calculait que c'était le printemps quand le soleil entrait au premier degré du Bélier. Si maintenant on le calcule autrement, je passe la main. Et plus un mot.

DE L'ÉTÉ

CHAPITRE VIII

En été, je ne sais quel vent courra ; mais je sais bien qu'il doit faire chaud et que doit régner le vent de mer. Toutefois, si cela se passe autrement, ce n'est pas pour autant qu'il faudra renier Dieu. Car il est plus sage que nous et Il sait bien mieux que nous-mêmes ce qui nous est nécessaire, je vous en assure sur mon honneur, quoi *dict Haly et ses suppostz. Beau sera se tenir joyeux et boire frais, combien qu'aucuns ayent dict qu'il n'est chose plus contraire à la soif. Je le croy. Aussi,* contraria contrariis curantur.

DE L'AUTONNE

CHAPITRE IX

En autonne l'on vendengera, ou devant ou apres, ce m'est tout un, pourveu qu'ayons du piot à suffisance. Les cuidez seront de saison, car tel cuidera vessir qui baudement fiantera. Ceulx et celles qui ont voué jeûner jusques à ce que les estoilles soient au ciel, à heure presente peuvent bien repaistre, par mon octroy et dispense. Encores ont-ilz beaucoup tardé : car elles y sont devant seize mille et ne sçay quantz jours ; je vous dy bien atachees. Et n'esperez dorenavant prendre les alouettes à la cheute du ciel, car il ne tombera de vostre aage, sur mon bonheur ! Cagotz, caffars et porteurs de rogatons, perpetuons et autres telles triquedondaines sortiront de leurs tesnieres. Chascun se garde qui vouldra. Gardez-vous aussy des arestes quand vous mangerez du poisson. Et de poison Dieu vous en gard !

qu'en aient dit Al Bohazen et ses suppôts. Il fera beau se tenir joyeux et boire frais, bien que certains aient dit qu'il n'est chose plus contraire à la soif. Je le crois. Aussi, les contraires se guérissent par les contraires.

DE L'AUTOMNE

CHAPITRE IX

En automne, on vendangera, ou avant ou après, ce m'est parfaitement égal, pourvu que nous ayons de la piquette à suffisance. Les pensées seront de saison, car tel pensera péter qui gaiement lâchera sa fiente. Ceux et celles qui ont fait vœu de jeûner jusqu'à ce que les étoiles soient au ciel, à l'heure présente peuvent bien se nourrir, par mon octroi et ma dispense. Encore ont-ils beaucoup tardé : car elles y sont depuis seize mille et ne sais combien de jours ; je vous précise : bien attachées. Et n'espérez dorénavant prendre les alouettes à la chute du ciel, car il ne tombera pas de votre temps, sur mon honneur ! Cagots, cafards et colporteurs d'indulgences, funèbres desservants et autres tels brimborions sortiront de leurs tanières. Que chacun se garde, s'il le veut. Gardez-vous aussi des arêtes quand vous mangerez du poisson. Et de poison, Dieu vous en garde !

DE L'HYVER

CHAPITRE X

En hyver, selon mon petit entendement, ne seront saiges ceulx qui vendront leurs pellices et fourrures pour achapter du bois. Et ainsi ne faisaient les antiques, comme tesmoigne Avenzouar. S'il pleut, ne vous en melencholiez, tant moins aurez-vous de pouldre pour chemin. Tenez-vous chaudement. Redoubtez les catharres. Beuvez du meilleur, attendans que l'autre amendera, et ne chiez plus dorenavant on lict. O, ô poulailles, faictes-vous voz nidz tant hault?

FINIS

DE L'HIVER

CHAPITRE X

En hiver, selon mon petit entendement, ils ne seront pas sages ceux qui vendront leurs pelisses et fourrures pour acheter du bois. Et ce n'est pas ainsi qu'agissaient les Anciens, comme en est témoin Abou Marwan. S'il pleut, n'en faites pas une maladie, c'est autant de poussière que vous aurez en moins sur votre chemin. Tenez-vous chaudement. Redoutez les catarrhes. Buvez du meilleur, en attendant que le Malin s'améliore, et ne chiez plus dorénavant au lit. Ô, ô les cocottes, est-ce que vous faites vos nids aussi haut que les pies ?

FIN

Facétie astrologique et satire humaniste

Quelle que soit l'apparente – et toute relative – difficulté présentée par la langue du XVIe siècle, il faut lire la *Pantagrueline Prognostication* dans le texte original et à haute voix, ne serait-ce que pour enchanter le voisinage : c'est une œuvre de verve, qui séduit d'emblée par son rythme et ses sonorités endiablées. La cocasserie du vocabulaire, les calembredaines d'une logique dévoyée à la billebaude, la truculence de l'imagination ne s'imposent qu'après, et à travers, cette impayable poésie. Peu importe que l'on saisisse ou non toutes les intentions du pseudo-astrologue qui débite ces facéties, que l'on comprenne ou non le sens exact des proverbes et des locutions populaires dont il étourdit son auditoire : c'est son bagou d'enfer, sa gestuelle impétueuse qu'il faut faire revivre.

Le comique en effet vaut par l'énormité de la faconde ; *a priori*, ses effets ne sont pas des plus raffinés : lapalissades proférées sur un ton de solennelle componction (notamment sur des matières futiles ou ridicules), énumérations hétéroclites, rapprochements incongrus, conseils émanant d'une sagesse extra-lucide… L'humour du voyant d'almanach s'en donne à cœur joie.

Était-ce bien original ? La popularité des livres de pronostics suscitait, à l'époque de Rabelais, la production de livrets burlesques « à la manière de » ; ainsi, la *Prénostication de Maistre Albert Songecreux Bisscain* (Noël 1527), qui était vraisemblablement connue de Rabelais, abonde en prophéties :

De la division d'automne

Les bouchers comme loups ravis
Au mois d'octobre et de novembre
Feront forte guerre aux brebis.
Grand'mortalité régnera
Sur bœufs, sur vaches et pourceaux…

Sur le même thème, la *Pantagrueline Prognostication* reprend en apparence les mêmes motifs. Mais s'agit-il vraiment maintenant de cette innocence joyeuse qui définit la saveur de l'humour vrai ? La dérision de Rabelais fait plutôt appel à l'agressivité de l'ironie : une violence contenue anime ces phrases, que l'on aurait tort de prendre pour un simple pastiche des livres de pronostics alors à la mode. Ce style mordant est une arme autrement agressive que n'est l'écriture goguenarde du pastiche : toutes ces fautes de raisonnement étalées avec complaisance composent une parodie évidente ; il s'agit de mettre en garde contre les menteurs, d'arracher des masques, de dénoncer la perversité inconsciente, voire les intentions vicieuses des almanachs à destination populaire, des prévisions prétendument fondées sur l'horoscope, qui, déjà à l'époque, abusaient de la crédulité des gogos.

Ces almanachs étaient utilisés par d'avisés propagandistes au service des politiques qui se disputaient l'hégémonie en Europe ; dans la rivalité entre François Ier et Charles Quint, l'ennemi du roi de France paraît avoir été le plus habile dans l'art de manier les opinions publiques par des moyens captieux. Si le lecteur de la *Pantagrueline Prognostication* a droit à un petit sermon sur l'égalité, du point de vue astral, entre les rois et le commun des mortels, c'est que l'expansionnisme de l'empereur était secondé par d'habiles vaticinations, dont il fallait désamorcer les leurres. Si l'on évoque au passage l'an 1524, année où les mercenaires rhénans chopinèrent en pèlerinage plus que de raison, c'est en souvenir du fait que la psychose de défaite entraînée par le désastre de Pavie* avait été soigneusement cultivée, cette année-là, par l'intermédiaire des pronostications d'almanachs : l'humour a pour fonction de désabuser dans l'opinion publique un pessimisme qui ne profite que trop à l'ennemi.

Mais, en cette époque de profonds bouleversements dans le domaine de la théologie et de la piété, c'est surtout la lutte contre toutes les formes de superstitions qui mobilisait les esprits avides de pureté théologique. Certains pensaient réformer les mentalités en profitant de la vogue des almanachs pour y insérer, à l'adresse des lecteurs trop crédules, le contrepoison : un sermon en bonne et due forme prouvant la prééminence de Dieu sur les

---

* Avant l'adoption du calendrier grégorien (1582), la bataille de Pavie était datée de 1524, et non pas de 1525 comme c'est le cas aujourd'hui.

influences zodiacales ; ainsi la *Prognostication générale pour l'an mil cinq cens quatre vingts et dix* proclamera encore, à la suite d'une série de pronostics : « L'homme sage dominera par-dessus les influences des Astres qui dénotent les susdites choses : lesquelles influences ne produisent point leurs vertus ès corps célestes, mais les inclinent. Car Jésus-Christ Notre Sauveur a donné puissance aux Astres de les varier en faisant bien. »

L'intuition géniale de Rabelais a été d'opérer la fusion, en une création originale, de la parodie malicieuse et de la prédication humaniste : il se réfère explicitement à saint Paul pour rappeler que le seul maître du monde est Dieu le Créateur ; et, dès les premières lignes, éclate la menace proférée par le psalmiste contre les plus redoutables des impies, les menteurs, voués à la Colère destructrice au jour du Jugement. Faire rire de bourdes grossières était, en faveur du développement de la spiritualité éclairée, une mise en garde contre la stupidité du grand public. C'est ici qu'il faut porter attention aux dates : en 1532, le *Pantagruel*, pour appeler les lecteurs à une réflexion sur le sérieux de leurs croyances, sur la distinction entre foi et crédulité, avait déjà utilisé, dans son prologue parodique, la référence à des recueils de traditions folkloriques comme les *Chroniques inestimables du grand géant Gargantua*, ou ces *Vies de sainte Marguerite* que les femmes en couches utilisaient non comme un livre de pieuse méditation, mais comme un talisman matériel, comme une sorte de cataplasme. En se recommandant de ces fadaises, Rabelais utilisait la tactique satirique de son maître Érasme. Celui-ci, dans ses *Apophtegmes*, s'inspire de l'attitude de Diogène : le philosophe cynique entonne des refrains ineptes pour se faire écouter de la foule, qui ferme les oreilles aux saines exhortations, mais se presse aux farces d'un pitre de carrefour.

Le succès du roman avait été grand, mais le message avait souvent été compris tout de travers ; en 1533, le *Pantagruel* allait être condamné par la Sorbonne pour son obscénité. Pour se faire lire intelligemment, il fallait préparer un livre de même acabit, mais plus explicite : ce serait bientôt le *Gargantua*. En attendant, Rabelais a recours au même type de caricature prophylactique. Pour 1533, il publie sous son nom un *Almanach* destiné à décevoir la curiosité des amateurs de prophéties : « Ce n'est pas à vous de cognaistre les temps & moments que le Père a mis en sa puissance » ; on ne peut que L'adorer en silence. Il faut d'ailleurs remarquer que l'édition de 1542, celle que nous reproduisons ici, ne se conforme plus à la fiction d'un *Almanach* prédisant les événements qui devraient intervenir en une année déterminée : ces pronostics sont maintenant valables « pour l'an perpétuel » ! La satire de la crédulité, en effet, est par essence intemporelle.

D'autre part, la *Pantagrueline Prognostication certaine vertiable et infalible pour l'an M.D.XXXIII* était signée Alcofribas, comme le *Pantagruel.* Rabelais utilisait donc le succès immédiat du héros de son invention pour ridiculiser, au nom de la vérité évangélique, la superstitieuse crédulité populaire à l'égard des prédictions. De Rome, Rabelais enverra à Geoffroy d'Estissac un « livre de prognosticqs » comme témoignage de l'inconstance intellectuelle du *vulgum pecus*. Pour le « sot peuple », niais et badaud, l'humaniste éprouve une commisération mêlée de cette sympathie goguenarde que suscite l'énormité de la bêtise humaine : on a toujours plaisir à mimer la lourderie des nigauds qui se croient farauds. Le genre de comique populaire qui se développe de nos jours permet de comprendre la joie féroce qu'il y a à mimer avec une vitalité débordante des comportements qu'on sait condamnables ; mais, à l'égard des imposteurs sournois et des inconscients, le bon sens offensé refuse toute indulgence ; le persiflage, joyeux en apparence, laisse transparaître l'inquiétude de l'intelligence qui se sait menacée et se rebiffe avec férocité.

Si donc ce petit chef-d'œuvre sait charmer immédiatement par sa bouffonnerie énorme et par son lyrisme cocasse dans le maniement du vocabulaire et du rythme, par une richesse linguistique inconnue des almanachs courants, on ne doit pas oublier la puissance de la satire, ni la spiritualité humaniste qui l'animent en profondeur : truculence langagière, bon sens et sincérité de la foi, n'est-ce pas là un vrai raccourci du génie de Rabelais ?

GUY DEMERSON

Vie de Rabelais

1483. Année de naissance la plus probable de Rabelais, près de Chinon, à La Devinière, petite localité à laquelle il est fait allusion dans la *Pantagrueline Prognostication*. Les premières années de son existence sont mal connues, mais on sait qu'il étudia le latin et le grec.

1511. Sans doute novice, il fait un séjour dans le couvent des franciscains de La Baumette, aux portes d'Angers.

1521. Rabelais se trouve chez les cordeliers de Fontenay-le-Comte, où il fréquente un cercle de juristes lettrés. Rabelais correspond avec Guillaume Budé.

1523. La Sorbonne ayant le projet d'interdire l'étude du grec, les cordeliers confisquent les livres grecs de Rabelais.

1524. Obtenu grâce à l'appui de Geoffroy d'Estissac, évêque du diocèse, un indult du pape autorise Rabelais à quitter l'ordre des franciscains pour entrer dans celui des bénédictins. Séjour au monastère de Saint-Pierre-de-Maillezais, dont Estissac est le prieur. Durant quelque trois ans, Rabelais suivra le prélat en divers lieux, notamment à Ligugé, près de Poitiers.

1528. Il quitte le froc des bénédictins pour l'habit de prêtre séculier et entreprend des études de médecine.

1530. Rabelais est immatriculé sur le registre des étudiants de la Faculté de médecine de Montpellier, où il prendra ses premiers grades.

1532. Séjour à Lyon. Le *Pantagruel* est publié, sous le pseudonyme d'Alcofribas Nasier, ainsi que les *Epistres médicinales* de Manardi et une traduction latine d'Hippocrate et de Galien. Le 1er novembre, Rabelais est nommé médecin de l'hôpital du Pont-du-Rhône. Le 30 novembre, il écrit à Érasme, qu'il considère comme son père spirituel. Il publie un *Almanach* et la *Pantagrueline Prognostication pour l'an 1533*.

1533. Le *Pantagruel*, tenu pour un livre obscène, est condamné par la Sorbonne.

1534. Rabelais part pour Rome, comme médecin et secrétaire du cardinal Jean Du Bellay, qui représente le roi de France dans la Ville sainte. De retour à Lyon, il publie peut-être à ce moment le *Gargantua* et reprend ses fonctions de médecin. Publication d'un *Almanach pour 1535*, où Rabelais, au nom de l'Évangile, conteste la possibilité de la divination.

1535. Le 31 juillet, Rabelais, de retour à Rome, s'occupe des affaires de Geoffroy d'Estissac. Il négocie pour son propre compte l'absolution de la faute qu'il a commise en quittant son état de moine.

1536. Paul III lui accorde la permission de regagner un monastère bénédictin et de pratiquer la médecine. Rabelais rentre en France. Il n'est pas impossible que ce soit à ce moment-là qu'il devint père d'un enfant illégitime.

1537. Le 22 mai, à Montpellier, il est reçu docteur en médecine, mais il était déjà tenu pour un des plus grands médecins d'Europe. En août, il échappe de peu à la prison pour avoir envoyé à Rome une missive où l'on trouvait des indications jugées dangereuses pour la sécurité du pays. En octobre, il commence un cours consacré aux *Pronostics* d'Hippocrate.

1538. Il fait partie de la suite de François Ier lors de l'entrevue d'Aigues-Mortes avec Charles Quint.

1539. Départ pour Turin avec Guillaume Du Bellay, seigneur de Langey, gouverneur du Piémont sous l'occcupation française.

1540. Paul III légitime deux enfants de Rabelais, François et Junie. Impression d'un *Calendrier* calculé par Rabelais sus le méridien de la noble cité de Lyon.

1542. En même temps que ses œuvres romanesques (à nouveau censurées), il publie la *Pantagrueline Prognostication*, désormais valable *pour l'an perpétuel.* Nouveau séjour en Piémont.

1543. Langey meurt lors de son voyage de retour en France. Rabelais, son médecin, est impressionné par les phénomènes cosmiques et sur la mort des grands hommes qui s'accompagne d'un deuil de toute la nature.

1546. Publication du *Tiers Livre*, condamné par les théologiens, en dépit du *privilège* accordé par François Ier. En mars, Rabelais séjourne à Metz ; il est nommé médecin de la ville.

1547. De Metz, il adresse, sur le ton du désespoir, une lettre de doléances au cardinal Du Bellay, qui l'emmène de nouveau à Rome. En passant à Lyon, Rabelais laisse une *Pronostication pour l'an 1548*.

1548. Pierre de Tours publie à Lyon les onze premiers chapitres du *Quart Livre*.

1549. À Rome, le cardinal Du Bellay célèbre la naissance du Dauphin en organisant de grandes fêtes. Rabelais en rédige la relation.

1551. Il obtient en commende la cure de Meudon ; il ne semble pas que le curé de Meudon ait desservi lui-même cette paroisse, non plus que la cure de Saint-Christophe-du-Jambet, dont il fut chargé au diocèse du Mans et qui lui procurent des revenus.

1552. Importante épître-dédicace à Odet de Châtillon en tête du *Quart Livre*. Le 1er mars, l'œuvre est condamnée, et l'on a dit, mais sans preuves, que Rabelais avait été emprisonné.

1553. Au début de l'année, pour un motif inconnu, Rabelais résigne ses deux cures. Il meurt avant le 14 mars.

1564. Publication du *Cinquiesme Livre*.

Rabelais

Pantagrueline Prognostication pour l'an 1533

Fac-similé de l'édition originale de 1532

Pantagrueline

prognosticatiõ certaine veritable & ĩfalible pour lã mil. D. xxxiii. nouuellemẽt composee au profit & aduisemẽt de gẽs estourdis et musars de nature p maistre Alcofribas architriclin dudict Pantagruel

¶ De nõbre dor non dicitur / ie nen trouue point ceste annee quelque calculation que ien aye faict / passons oultre / qẽ a si sen deffacce en moy / qui nen a sy en cherche. Verte foliũ.

¶ Au liseur beniuole Salut et paix en Jesuchrist.

COnsiderāt infinis abus estre perpetrez a cause dung
tas de Prognostications de Louain faictes a lombre
dung verre de vin/ Je vous en ay presentement cal-
cule vne la plus seure et veritable que fut oncques veue/ cō
me lexperience vous le demonstrera. Car sans doubte veu q̄
dit le pphete Royal. ps. v. a Dieu. Tu destruiras tous ceulx
qui disent mensonges/ ce nest par legier peche de mētir ainsi
a son escient/ et ensemble abuser le poure monde qui est cu-
rieulx de scauoir choses nouuelles. Cōme de tout temps ont
este singulieremēt les Francoys/ ainsy que escript Cesar en
ses commētaires et Jehā de grauot on mythologies Gal-
liques ce que nous voyons encores de iour en iour par Frā-
ce ou le premier propos quon tient a gens fraischement ar-
riuez sōt Quelles nouuelles? scauez vous rien de nouueau?
Quy dit? qui bruit par le monde? Et tant y sont attentifz q̄
souuēt se courroussent cōtre ceulx qui viēnent de pays estrā
ges sans aporter pleines bougettes de nouuelles. les appel
lant veaux et idiotz. Si doncques cōme ilz sont promptz a
demander des nouuelles. autant sont ilz faciles a croyre ce q̄
leur est annōce/ deburoit on pas mettre gens dignes de foy
a gaiges a lentree du Royaulme/ qui ne seruiroient daultre
chose sy non de examiner les nouuelles quon y aporte/ a sca
uoir sy elles sōt veritables? Ouy certes. Et ainsi a faict mō
bon maistre Pātagruel par tout le pays de Vtopie ⁊ Dipso
die. Aussy luy en est il si bien prins ⁊ tāt prospere sō territoy
re/ quilz ne peuuent de present auanger a boyre et leur con
uiendra espandre le vin en terre/ sy dailleurs ne leur viēt re-
fort de beuueurs ⁊ bons raillars. Voulāt doncques satisffai-
re a la curiosite de tous bons compaignons iay reuolue tou-
tes les pātarches des cieulx calcule les quadratz de la Lūe.
crochete tout ce que iamais penserent tous les Astrophiles/
Hypernephelistes/ Anemophilaces/ Vranopetes/ ⁊ Ombro
phores/ et confere du tout auecques Empedocles/ lequel se

recommande a vostre bonne grace. Et tout le tu autem ay
yci en peu de chapitres redige/ vous asseurant que ie nen dis
sinon se que ien pense et nen pense sinon ce que en est/ & nen est
aultre chose pour toute verite que ce quen lirez a ceste heu-
re. Ce que sera dit au par sus/ sera passe au gros tamys a
tors & a travers/ et p adventure adviendra ou p adventure
nadviendra pas. Dung cas vous advertis. que si ne croyez
le tout vo⁹ me faictez ung mauluais tour dōt serez pūiz ycy
ou ailleurs. Or mouschez vos nez petitz enfās & vo⁹ aultres
vieux resueurs affustez vo⁹ bezicles & pesez biē ces motz.

¶ Du gouverneur & seigneur de ceste annee. Chapitre premier.

Quelque chose que vous disēt ces folz Astrologues
de louain de Nurnberg/ de Tubinge & de Lyon/ ne
croyez point que ceste annee il y ayt aultre gouver
neur de luniversel monde que Dieu/ le createur/ le
quel par sa divine parolle tout regist & modere/ par laquelle
sont toutes choses en leur nature propriete & condition/ et
sans la maintenance et gouvernement duquel toutes choses
seroiēt en ung momēt reduictes a neant comme de neant el-
les ont este par luy produictes en leur estre. Car de luy viēt/
en lui est/ & par luy se parfaict tout estre et tout biē toute vie
& mouvement comme dit la trompette evangelicque mon-
seigneur sanict Paul. Ro. xi. Doncques le gouverneur de ce
ste annee & toutes aultres silon nostre veridicque resolution
sera dieu tout puissāt. Et ne aura Saturne ne Mars ne Ju
piter ne aultre planete/ certes non pas les anges ni les sa-
inctz ny les hōmes ny les diables vertuz/ efficace/ puissance
ne influence aulcune si Dieu de son bon plaisir ne leur dōne.
Comme dict Avicenne/ que les causes secondes ne ont influ
ence ne action aulcune si la cause premiere ny influe.

¶ De leclipse de ceste annee. Chap. ii.

CEste ānee sera eclipse de Lune le.iiii.iour Daoust. Saturne sera retrograde. Venus directe. Mercure inconstant. Et vng tas daultres planetes ne yrōt pas comme aultres foys. dōt pour ceste ānee les chancres yrōt de couste/ & les cordiers a reculerōt/ les escabelles monterōt sur les bācqs/ les coissins se trouuerōt ou pied du lict/ lez couilles pēdront a plusieurs p faulte de gibessiere/ le vētre ira deuant/ le cul se assoyra le premier/ lon ne pourra trouuer la feuue au guasteau des Roys/ lon ne rēcontrera point das au flux/ le dez ne dyra point a souhait quoy quō le flate/ les bestes parleront en diuers lieux. Quaresmeprenāt guaignera son proces/ lune partie du mōde se desguisera pour tromper lautre lon ne veyt oncqs tel desordre en nature. Et se feront ceste annee plus de. xxvii. verbes anormaulx sy Priscian ne les tiēt de court. Sy dieu ne no⁹ ayde nous aurons prou daffayres. Mays au contrepoint sil est pour nous riens ne nous pourra nuyre comme dit le celeste Astrologue/ qui fut rauy iusques au Ciel/ Ro.viii.c. Si de⁹ p nobis quis contra nos?.

¶ Des maladies de ceste annee. Chap.iii.

CEste annee les aueugles ne verront que bien peu / les sourdz oyront assez mal/ les muetz ne pleront guieres. les Riches se porteront vng peu mieulx que les poures & les saīs mieulx que les malades. Plusieurs Moutōs Beufz/ Pourceaulx/ Oysōs/ Poulletz/ & Canars/ mourrōt et ny aura pas sy cruelle mortalite entre les Cinges et Dromadayres. Vieillesse sera īcurable ceste annee a cause des annees passees. Ceulx q̄ seront pleureticques/ aurōt grant mal au couste/ ceulx quy aurōt flux de vētre yront souuēt a la selle percee/ le catarrhes descendrōt ceste annee du cerueau es mēbres inferieurs. Et regnera quasi vniuersellement/ vne maladie bien horrible/ redoubtable/ maligne/ peruerse/ espouentable/ & mal plaisante/ laquelle rendra le mōde bien estōne/ et dōt plusieurs ne scauront de quel boys fayre flesches/ et bien souuent composeront en rauasserie sylogisans en la pierre philosophalle & lappelle Auerroys. Vu. colliget faulte dargent. Et attendu la comete de lan passe et la retrogradation de Saturne / mourra lhospital vng grant marault tout catarrhe et crousteleue

¶ Des fruictz et biens croissans de terre. Chap.iiii.

Je treuue par les calcules de Albumasar / au liure de la grāde cōiūctiō & ailleurs / q̄ ceste ānee sera biē fertile auecques plante de tous biēs a ceulx quy aurōt de quoy. Mais le hobelon de Picardie / craindra quelque peu la froydure / la uoyne fera grant biē es cheuaulx. il ny aura gueres plus de lart q̄ de pourceaulx a cause de pisces ascēdant. il sera grand ānee de caquerolles. Mercure menasse quelque peu le persil mays ce nonobstant il sera a pris raysōnable. De blez de vis de fructaiges & legumaiges on nen veit ōcques tant sy souhaytz de pouuures gens sont ouyz.

¶ De lestat daulcunes gens. Chap.v.

La plus grande folie du mōde est de penser quil y ayt des astres pour les Roys / Papes / et gros seigneurs / plus tost que pour les pouures & suffreteux comme sy nouuelles estoilles auoyent este creez despuis le temps du deluge / ou de Romulus ou Pharamond a la nouuelle creation des Roys. ce que Triboulet / ny Cailhette / ne diropćt pas q̄ ont este toutesfois gens de hault scauoir et grāt renom. Et par aduenture en larche de Noe / ledict Triboulet estoit de la ligne des Roys de Castille / & Caillette du sang de Priā mays toute cest erreur / ne procede q̄ par default de vraye foy catholicque tēant dōcques pour certain q̄ les astres se souciēt aussi peu des roys / cōme des gueux & des riches cōme des maraux ie laisseray es aultres folz Prognosticqueurs a parler des Roys & riches & parleray de celle des gens de bas estat.

¶ Et premierement des gens soubmis a Saturne / comme gēs desporueuz dargent / ialoux / refueurs / mal pēsans soubsōneux/ p̄neurs de taulpes/ Usuriers rachapteurs de rētes ty reurs de riuetz gēs melāchólicques/ nauront pas ceste annee tout ce quilz vouldroient biē ilz sestudiront a linuention saicte croix. ⁊ ne getteront poīct leur lart aux chiens/ et se grateront souuent la ou il ne leur demenge pas.

¶ A Juppiter cōme cagotz/caffars porteurs de rogatons Copistes/ Bulistes/ Dataires/ Chiquaneurs/ Moines/ Hermites Hipocrites/ Chatemittes/ Barbouilleurs de papier chaffoureurs de pchemī/ Notaires/ Raminagrobis/ se porterōt selō leur argēt. Et tant mourra de gēs deglise/ quon ne pourra trouuer a qui conferer les benefices/ en sorte que plusieurs en tiendront deux/ troys/ quatre/ et dauantaige.

¶ A Mars cōme Bourreaux/ Meurtriers/ Aduēturiers Brigans/ Sergens/ recors de tesmoinge/ gens de guet/ Mortepais/ Arracheurs de dens / coupeurs de couilles/ medicīs de triqnicque qui se font Badeler par les rues/ renieurs de Dieu/ Allumetiers/ Boutefeux/ Ramonneurs de cheminees/ Francz taupins/ charboniers/ Alkimistes/ p̄semailles/ feront ceste annee de beaux coups/mais aulcuns diceux serōt fort subiectz a recepuoir quelque coup de baston alēblee. Ung des susd sera ceste annee faict euesq̄ des chāps donnant la benediction auec le pied aux passans.

¶ A Sol cōme Boteleurs de foin/ portefaix/ gueux de lhostaire/ Gaignedeniers/ Rauaudeurs/ degresseurs de bōnetz embourreurs de bastz/ loq̄teurs/ clacquedēs/ crocquelardōs/ generallement tous portans la chemise noee sus le dos serōt sains ⁊ alaigres ⁊ ne auront point la goutte es dēs quant ilz seront de nopces.

¶ A Ven⁹ comme putaīs/ maquerelles/ ribleurs/ ruffiēs/ caignardiers/ chambrieres dhostelerie/ Nomina mulierum desinentia in iere/ Ut lingiere/ tauerniere/ buandiere/ frippiere/ serōt ceste annee en reputation mais le Soleil entrant en Cancer et aultres signes se doibuent guarder de verolle/ de chancre/de pisses chauldes/poullains grenetz &c. Les nõnains a grant peine concepurõt sans operation virile/& guieres de pucelles nauront de laict.

¶ A Mercure/comme pipeurs/ trompeurs affineurs theriacleurs/larrõs/meusniers/bateurs de paue/maistres es ars decretistes/rimasseurs/bastelleurs/ioueurs de passepasse/enchanteurs/vielleurs/oblieurs/poetes/escorcheurs de latin/ escumeurs de mer/feront semblant destre plus ioyeulx que souuent ne seront & quelque foys riront lors que pas nen auront talent.et seront fort subiectz a fayre bancques routes silz se trouuẽt plus dargẽt en bourse que ne leur en fault.

¶ A la Lune/cõme bisouars/lunaticques/folz/eceruelez/ acariastres/esuentez/courratiers/postez/nacq̃tz/verriers/ estradiotz/nauront ceste annee guieres darrest. Toutesfois ne yront pas de Lifrelofres a sainct Hiaccho/comme feirent lan.D.xxiiii.il descendra grant abundance de micquelotz de mõtaignes de Sauoye/& de Auuergne/mays Sagittarius les menasse des mules aux talons.

¶ De lestat daulcuns pays. Chap. vi.

LE noble Royaulme de France/prosperera et triũphera ceste ãnee en tous plaisirs & delices tellement que les nations estrãges voulẽtiers se y retireront. Petitz bãquetz/ petitz esbatemẽs milles ioyeusetes se y ferõt ou vng chascun prẽdra plaisir.on ny veit oncques tant de vis ny plꝰ frians force rabes en Lymosin/force chastaignes en Perigort/et Daulphine/force olyues en Languedoc/force poyssons en la mer/force estoilles au ciel/force sel en Brouage plante de bledz/legumaiges/fructaiges/iardinaiges/beurres/laictaiges/nulle peste/nulle guerre/nul ẽnemy/bren de pouurete/bren de melãcholie/et ces vieulx doubles ducatz/ nobles a la rose/angelotz/et moutõs a la grãt laine/retour-

neront en vsance avecques plante de Seraphz/et escuz au
soleil/Toutesfoys sus le millieu de Leste/sera a redoubter
qlque venue de pusses noyres et cheussons de la deuiniere.
Adeo nichil est ex omni parte beatũ. Mays il les faudra vui-
der a force de collations vespertines.

¶ Italie/Romanie/Naples/Cecile/demeurerõt la ou el-
les estoient lan passe. Ilz songeront bien profundemẽt vers
la fin du Karesme/& resuerõt qlqe foys vers le hault du io[r].

¶ Alemaigne/Souisse/Saxe/Strasbourg &c. profiterõt
silz ne faillent. les porteurs de rogatõs les doibuent redoub
ter. et ceste ãnee ne se y fõderõt pas beaucop de ãniuersaires.

¶ Hespaigne/Castille/Portugal/Arragon/seront bien
subiectz a soubdaines alteratiõs/& craindront de mourir biẽ
fort autant les ieunes/que les vieulx/et pourtant se tiẽdrõt
chaudement et souuent cõpteront leurs escuz/silz en ont.

¶ Austriche/Hongrye/Turquie/par ma foy mes bons bil
lotz ie ne scay comment ilz se porteront/ et bien peu mẽ sou-
cye veu la braue entree du Soleil en Capricornus/ & sy plꝰ
en scauez nen dittez mot/mais attẽdez la venue du boyteux.

¶ Finis.

Repères bibliographiques

Ouvrages de Rabelais

- *Pantagrueline Prognostication*, éd. M. Screech, Genève, Droz, 1974.
- *Œuvres complètes*, éd. établie et annotée par G. Demerson, avec une transcription en français moderne due à un groupe d'étudiants, Paris, Le Seuil, coll. L'Intégrale, 1973.
- *Gargantua*, transcription en français moderne de M.-M. Fragonard, Presses Pocket, 1992.
- *Gargantua*, *Pantagruel*, *Tiers Livre*, *Quart Livre*, Garnier-Flammarion, 1993.
- *Gargantua* et *Pantagruel*, éd. G. Defaux, Livre de poche, 1994.
- *Les Songes drolatiques de Pantagruel. Cent vingt gravures attribuées à François Rabelais*, Éditions [vwa], La Chaux-de-Fonds, 1989.

Études sur Rabelais

- BAKHTINE (Mikhaïl), *L'Œuvre de François Rabelais et la culture populaire au Moyen Âge et sous la Renaissance*, Paris, Gallimard, coll. Tel, 1982.
- Bon (François), *La Folie Rabelais*, Minuit, 1990.
- DEMERSON (Guy), *Rabelais*, Paris, Fayard, 1991.
- DIÉGUEZ (Manuel de), *Rabelais par lui-même*, Le Seuil, coll. Écrivains de toujours, 1960.
- FEBVRE (Lucien), *Le Problème de l'incroyance au XVIe siècle. La religion de Rabelais*, Paris, Albin Michel, coll. L'Évolution de l'humanité, 1942.
- LAZARD (Madeleine), *Rabelais l'humaniste*, Paris, Hachette, 1993.
- MÉNAGER (Daniel), *Rabelais en toutes lettres*, Paris, Bordas, 1989.
- POUILLOUX (Jean-Yves), *Rabelais : rire est le propre de l'homme*, Paris, Gallimard, coll. Découvertes, 1993.
- SCREECH (Michael A.), *Rabelais*, Paris, Gallimard, 1992.
- « Dossier Rabelais », *Magazine littéraire*, mars 1994.
- « Rabelais », *Europe*, n° 757, mai 1992.

Mille et une nuits propose des chefs-d'œuvre pour le temps d'une attente, d'un voyage, d'une insomnie…

Dans la même collection

1. Épicure, *Lettre sur le bonheur.*
2. Stendhal, *Ernestine ou La Naissance de l'amour.*
3. Sade, *Dialogue entre un prêtre et un moribond.*
4. Edgar Poe, *Le Scarabée d'or.*
5. Charles Perrault, *Peau d'Âne.*
6. Ovide, *Remèdes à l'amour.*
7. Guy de Maupassant, *Un fils.*
8. Heinrich von Kleist, *Sur le théâtre de marionnettes.*
9. Miguel de Cervantes, *L'Amant généreux.*
10. Charles Baudelaire, *La Fanfarlo.*
11. Honoré de Balzac, *Le Chef-d'Œuvre inconnu.*
12. Jack London, *Un steak.*
13. Khalil Gibran, *Le Prophète.*
14. Franz Kafka, *Le Verdict.*
15. Arthur Rimbaud, *Une saison en enfer.*
16. Nicolas Gogol, *Le Portrait.*
17. Victor Hugo, *Claude Gueux.*
18. Sénèque, *De la brièveté de la vie.*
19. Émile Zola, *J'accuse.*
20. Gustave Flaubert, *Dictionnaire des idées reçues.*
21. Voltaire, *Micromégas.*
22. Katherine Mansfield, *Félicité.*
23. Cesare Pavese, *La Trilogie des machines.*
24. Marcel Proust, *Sur la lecture.*
25. *Cantique des Cantiques.*
26. Guy de Maupassant, *Le Horla.*
27. Alexandre Pouchkine, *La Dame de pique.*
28. Luigi Pirandello, *Le Voyage.*
29. Molière, *Dom Juan.*
30. Paul Lafargue, *Le Droit à la paresse.*
31. Prosper Mérimée, *Carmen.*
32. Gustave Flaubert, *Un cœur simple.*
33. François Rabelais, *Pantagrueline Prognostication.*
34. Italo Svevo, *Le Vin du salut.*
35. Hermann Hesse, *Lettre à un jeune artiste.*
36. Ivan Tourgueniev, *Apparitions.*

Achevé d'imprimer en avril 1994,
sur papier recyclé Ricarta-Pigna par G. Canale & C. SpA (Turin)